THÈSE

Pour

LA LICENCE.

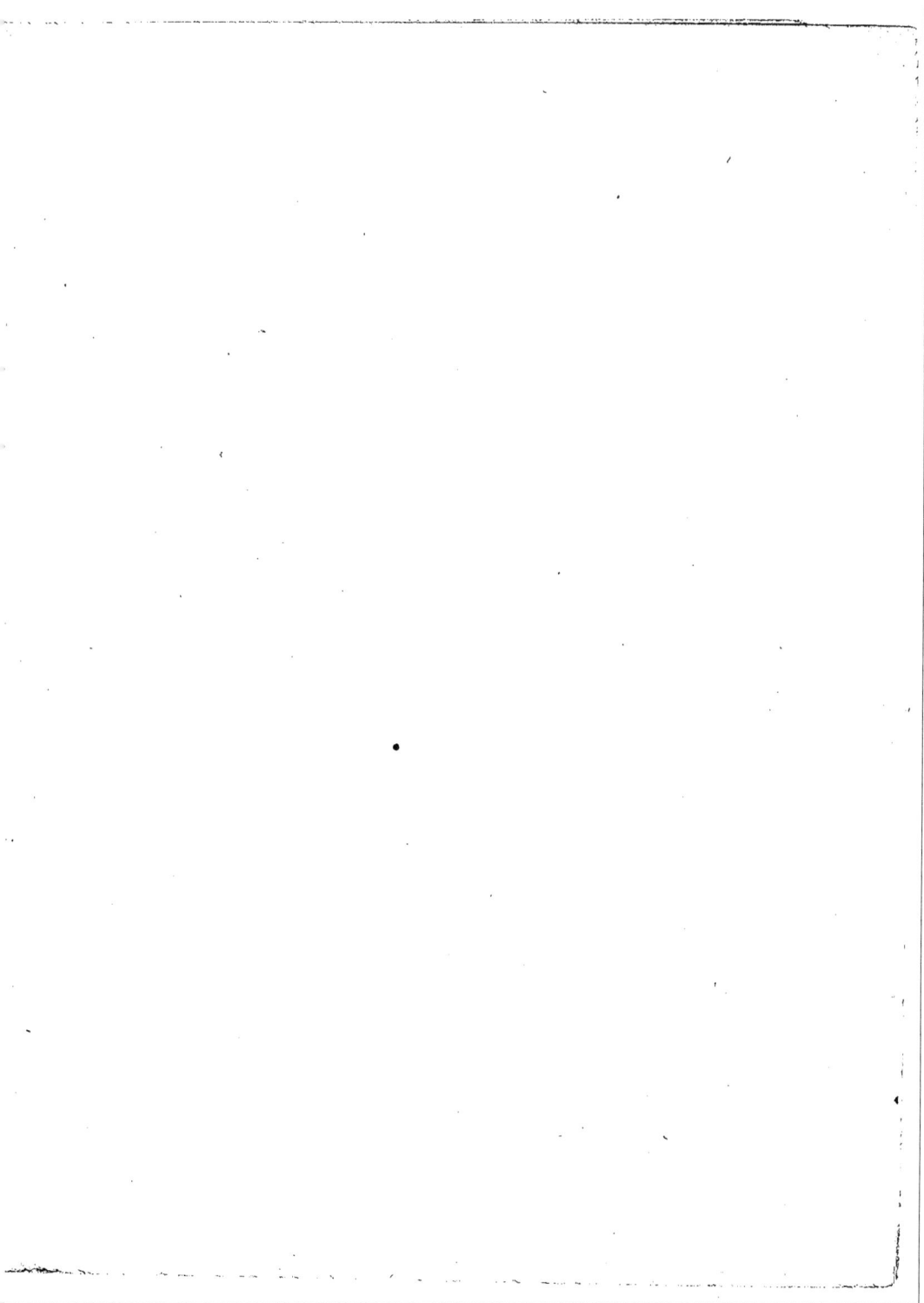

AUX MANES DE MA MÈRE.

A mon Père.

FACULTÉ DE DROIT DE TOULOUSE.

ACTE PUBLIC

POUR LA LICENCE,

En exécution de l'article 4, de la loi du 22 ventôse, an 12.

SOUTENU PAR

M. GASQUETON, (JEAN CHARLES.)

NÉ A LESPARRE (GIRONDE,)

JUS ROMANUM.

LIVRE 3. TITRE I.

de hereditatibus quæ ab intestato deferuntur.

Intestati dicuntur qui testamentum facere non possunt, vel hi quorum testamenta rumpuntur, aut irrita fiunt, vel hi qui omnino ne facerunt ; étiam intestatus decedit qui hæredem non habet, aut habere non potest. Ille non potest habere hæredem qui post mortem suam judicatus fuerit per duellionis reus, ac per hoc memoria ejus damnata fuerit. Suum enim hæredem habere non potest quum fiscus ei succedit.

Intestatorum hæreditas ex lege duodecim tabularum, primúm suis hæredibus deindé adgnatis, deindé gentilibus deferebatur. His enim verbis scripta fuerat lex duodecim tabularum ; *Si intestato muretur, cui suus hæres nec sit, si adgnatus nec escit, gentiles familiam habeant.* De suis hæredibus solummodo dicere debemus.

Sui hæredes existimantur qui in potestate morientis et in primo gradu tempore mortis fuerent, si decesserit sine testamento ; si contra testaverit tempore quo destitutum fuerit testamentum. Parum interest quo modo præcedens personna in potestate parentis esse desierit, id solum modo accidere necesse est sive morte, sive aliá ratione.

Posthumi quoque, qui, si vivo parente nati essent, in potestate ejus futuri forent sui hæredes sunt. Posthumi enim ut nati habentur quoties de eorum commodis agitur.

Sui adhuc hæredes sunt qui jura postliminii habent. Hi enim quamvis in potestate parentis tempore mortis non fuerient, si ab hostibus post mortem patris reversi sunt, jure post linimio, numquam apud hostes in servitute fuisse existimantur. Non solùm sunt hæredes hi de quibus diximus, communerari necesse est etiam eos qui causæ probatione, aut adoptione, aut adrogatione, aut legitimatione, in potestate patris erant tempore mortis.

Parenti igitur succedere non poterant jure civili, nec emancipati quia in potestate patris esse desierunt ; neque ullo alio jure per legem duodecim tabularum vocantur, nec illi qui ex filiabus nati sunt, familiam sequentes, ipsa ratione in potestate avi materni esse non possunt. Hi omnes ut cognati solum modó vocabantur, id est post suos hæredes et post legitimos hæredes.

Attamen naturali æquitate motus prætor legi duodecim tabularum finem posuit, emancipatis dedit bonnorum possessionem, undè liberi, perendè ac Si in potestate parentis tempore mortis fuissent ; sive soli sint, sive cum suis hæredibus concurrant. Plerùmque emancipati a naturali familiá, in adoptione habebantur itaque si emancipatos prætor vocat ad possessionem bonorum undè liberi, eos vero qui in adoptivá familiá fuerent per hoc tempus quo naturalis parens moreretur repellit. Hoc modo adoptivorum melior erat conditio quia solutá per emanicipationem adoptione dum pater naturalis viveret ad successionem illius vocabantur.

Attamen non nullos casus invenire possunt in quibus filii et naturalium parentium successionem, propter adoptionem ammitebant et adoptione solutà ad nutrius patris successionnem vocabantur, veluti adoptionis vinculum post mortem naturalis parentis solutum fuerat. In hoc autem casu neque jure civili neque jure prætorio ad successionem patris adoptivi venire possunt ; itaque Justinianus imperator constitutionem scripsit, per quam definivit , quandò parens naturalis filium suum adoptandum alii dederit integra omnia jura ita servari, atque si in patris naturalis potestate permancisset nec pænitus adoptio fuisset snbsecuta. Hœc constitutio solum modò effectum producere poterat in adoptione imperfectà , id est in adoptione ab extraneo factà , exeptus enim erat constitutione is quem parens naturalis adoptandum susseperat.

Si prætor emancipati conditionem meliorem fecit, Valentinianus secundus , Theodorius et Arcudius divi príncipes non passi sunt ex filiabus natos amplius ad paternam successionem non vocari , itaque talem injuriam sine competenti emendatione non relicti sunt et cum nepotis et pronepotis nomen communi est ut utrisque qui tam ex masculis , quam ex feminis descendunt ; ideo eundem gradum et ordinem successionis donaverunt.

Sed diri principes spoliare omnino noluerunt qui non solum naturà sed etiam veteris juris suffragio muniebantur solum modo portionem nepotum , vel neptum vel deinceps aliarum personnarum paulo minuendam esse existim averunt ad successionem vocabantur et minus tertiam partem accipiebant quam mater eorum vel avia vel femina quà progeniti fuerant acceptura fuisset.

Hæc constitutio nepotis ex filiabus natos ad successionen patris familias simul et suos heredes vocat. Ergo si hæredes sui non extiterunt adgnatis ante ponuntur et adeos omnem familiam revertere deberet , nisi constitutione divi principes quartam partem substantiæ defuncti ad adgnatos jus vindicandi dedissent. Sed Justinianus sanxit talibus nepotibus ex filià , vel pro nepotibus ex nepte et deinceps superstitibus adgnatos nullam partem mortui successionis sibi vindicare ; ne hi qui ex transversà lineà veniunt potiores iis habeantur qui recto jure descendunt.

Ergo emancipati et filiabus nati , ut , hæredes suos habebantur, sed tamen, erat in eis diferentia , hæredes sui familiam possident simul et cum patre hæredes sui etiam ignorantes fiunt, statim et morte parentis quasi continuatur dominium ; adire hæreditatem non opus est et ideo nec tutaris autoritate opus est pupillis, nec curatoris concensu adquiritur furioso, sed ipso jure.

Alii sui hæredes solum modo possessioni bonorum undè liberi hæreditatem consequi possunt.

Ergo hæredes sui et emancipati et filiabus progeniti simul ad hæreditatem vocantur. Inter omnes nepotes et neptes et alias deinceps personnas hæreditas non in capita sed in stirpes dividitur , omnes pariter ad avi hæreditatem veniunt , nec qui gradu proximior est ulteriorem excludit ; æquum enim esse videtur nepotes , neptes alias que deinceps personnas patris sui loco succedere.

CODE CIVIL.

Liv. 3. Tit. 2. *Des donations entre vifs et des testaments.*

Chapitre 1, 2 et 3.

Dispositions Générales.

La donation en général est une libéralité qn'une personne fait volontairement en faveur d'une autre personne.

Dans les pays de droit écrit, on reconnaissait deux espèces de donations, la donation cause de mort, et la donation entre vif. La donation a cause de mort est elle permise par le code civil? la comparaison du droit ancien avec la loi nouvelle établit la négative; l'ordonnance de 1731, quoique n'abrogeant pas d'nne manière absolue la donation a cause de mort, veut toutes fois qu'une pareille disposition soit faite dans la forme des testaments. Aux termes de l'article 893 du C. C. il paraît évident que le législateur a entendu abroger cette manière de disposer, puisqu'il declare d'une manière expresse que nul ne pourra disposer de ses biens a titre gratuit, que par donation ou par testament.

Quels sont donc les caractères de la donation entre vifs? la donation entre vif, dit l'art. 874 est un contrat par lequel le donateur se dépouille actuellement et irrévocablement de la chose donnée en faveur du donataire qui l'accepte; nous disons contrat car d'après l'art. 1101 C. C. le contrat est une convention par laquelle une ou plusieurs personnes s'obligent envers une ou plusieurs autres a donner, à faire ou a ne pas faire quelque chose. Le concours donc de deux volontés, telle est l'essence du contrat et dans la donation nous trouvons ces deux volontés puisque la donation n'est pas faite que par l'acceptation du donataire.

Actualité et irrévocabilité, tels sont les deux caractères essentiels de la donation;

mais en posant en principe que les donations entre vifs étaient de leur nature irrévocables, le législateur a entendu dire qu'elle ne pouvaient point être révoquées témérairement et sans une cause juste et légitime autorisée par la loi. Le code établit trois causes d'exception à la règle d'irrévocabilité 1.ᵉ l'inéxécution des conditions sous les quelles la donation a été faite 2.ᵉ l'ingratitude du donataire 3.ᵉ la survenance d'enfants au donateur. Enfin pour éviter que les donations qui seraient faites entre époux ne fussent le résultat de la captation exercée sur l'époux donateur, on a voulu que toute donation, quoique qualifié entre vifs, faite entre époux pendant le mariage; soit toujours révocable.

Une donation ne peut se faire pour produire son effet après la mort du disposant, que dans un acte appelé testament. Le testament est un acte par lequel le testateur dispose pour le temps ou il n'existera plus de tout ou partie de ses biens, acte qu'il peut révoquer. Nous avons dit plus haut que la donation entre vif était un contrat, le testament lui, n'est qu'un acte, puisqu'il n'est que l'expression d'une seule volonté. Il y a encore cette différence entre ces deux manière de disposer que dans le testament, le disposant ne se dépouille pas actuellement, et qu'il conserve jusques a son décès la faculté de révoquer ces dispositions.

Le législateur en laissant à chacun la libre disposition de ses biens, n'a pas voulu cependant permettre de donner un successeur à l'héritier qu'on institue, aussi les substitutions sont-elles prohibées. Cependant les biens libres formant le dotation d'un titre héréditaire en faveur d'un prince, ou chef de famille peuvent être transmis héréditairement. Cette exception n'est pas la seule, il en est d'autres en matière de biens ordinaires, consignées dans les articles 1048 et 1049. L'art. 893 permet à un tiers de recevoir valablement un don ou une hérédité dans le cas; ou le donataire, ou l'héritier ne la reueilleraient pas, le testateur peut aussi disposer, soit par donation, soit par testament, de l'usufruit de ses biens en faveur d'une autre personne, et de la nue propriété en faveur d'une, de même qu'on peut disposer purement et simplement, on peut aussi disposer sous condition, mais dans toute disposition entre vifs ou testamentaires, les conditions impossibles, celles qui seront contraires aux lois et aux bonnes mœurs seront reputées non écrites.

Capitre 2.
De la capacité de disposer ou de recevoir par donation entre vif ou par testament.

En principe toute personne peut disposer et recevoir car la faculté d'aliéner et d'acquérir tient au droit des gens, le législateur a cependant du mettre de justes

tes à ce principe trop général et poser dans des textes de lois formels des exceptions, c'est ce qui résulte des dispositions de l'art. 902 ; toute personne, dit cet article, peut disposer et recevoir soit par testament, soit par donation entre vif excepté celle que la loi déclare incapables.

La loi reconnait donc des incapacités, les unes ont trait à l'action de donner les autres à l'action de recevoir. Sont incapables de donner, celui qui n'est pas sain d'esprit, le mort civilement, le mineur âgé de moins de seize ans, cependant quant à ce dernier, s'il s'agit de donations entre vifs il peut la faire par contrat de mariage en faveur de son conjoint ; et le mineur parvenu à l'âge de seize ans peut aussi disposer par testament, mais jusques à concurence seulement de la moitié des biens dont il pourrait disposer s'il était majeur ; la femme mariée ne pourra non plus disposer par donation entre vifs, à moins qu'elle ne soit autorisée par son mari ou par la justice, cette autorisation ne lui est point nécessaire pour faire un testament.

Les incapacités de recevoir, se divisent en incapacités absolues et en incapacités relatives ; absolues lorsqu'elles rendent incapables de recevoir de qui que ce soit, rela tives lorsqu'elles rendent incapables de recevoir de certaines personnes seulement.

Est incapable de recevoir d'une manière absolue, s'il s'agit d'une donation, celui qui n'est pas conçu au moment de là donnation s'il s'agit de testament, il suffit d'être conçu à l'époque de la mort du testateur.

Ces deux dispositions n'ont d'effet cependant que lorsque celui en faveur du quel la donation ou le testament a été fait est né viable. La femme mariée ne peut non plus recevoir par donation sans le consentement de son mari, on pourrait [encore mettre au nombre des incapacités absolues, celles de l'étranger au profit duquel on ne peut disposer que tout autant que cet étranger peut disposer en faveur d'un français. Mais l'art. 912 qui contient ses dispositions a été abrogé ; ajoutons encore le mort civilement qui ne peut rien recevoir, à moins que la disposition faite en sa faveur ne soit purement alimentaire.

Quelles sont maintenant les personnes frappées d'incapacitées relatives ? L'art. 907 défend au mineur même parvenu à l'âge de seize ans, de disposer soit par donnation entre vifs, soit par testament au profit de son tuteur, il ne peut aussi, quoique ayant atteint sa majorité disposer de ses deux manières au profit de celui qui avait été son tuteur, à moins que le comte défiitif de tutelle n'ait été rendu et épuré. Par une conséquence logique de la prohibition de cet article, le tuteur se trouve sous l'empire d'une incapacité relative, puisqu'il ne peut recevoir de son pupille et que cependant il peut recevoir d'une autre personne. Cette règle souffre exception à l'égard des ascendants tuteurs et cette exception est prise dans la nature, car le législateur devait attribuer à la donation faite à un ascendant tuteur, une toute autre cause que celle faite a un tuteur étranger, parmi les personnes qui se trouvent encore frappées de cette incapacité relative, on trouve les enfants naturels qui ne peuvent recevoir soit par donation entre vif, soit par testament que ce qui leur est accordé au titre des successions. Les médecins, pharmaciens et chirurgiens qui ont soignés le disposant dans sa dernière maladie. Ils peuvent cependant recevoir à titre particulier, à titre universel dans le cas de parentée jusques 4. degré inclusivement pourvu cependant que le disposant n'ait pas d'héritier en ligne directe, ou bien encore que celui en faveur duquel il a disposé ne soit au nombre de ses héritiers. La loi veut aussi que les mêmes régles soient observées à l'égard des ministres du culte. Enfin les dispositions faites au profit des hospices, des pauvres ou d'établissements d'utilité publique ; n'ont deffet qu'autant qu'elles sont autorisées par une ordonnance royale.

Telles sont donc les personnes incapables de recevoir; l'art. 911 dispose que toute disposition à leur profit, soit qu'on la déguise sous la forme d'un contrat onéreux, soit qu'on la fasse sous le nom de personnes interposées, est nulle. Sont reputées personnes interposées, les père, mère, enfants et descendants, ainsi que l'époux de la personne incapable.

Chap. iii.

Section 1.ʳᵉ — De la Portion Disponible.

L'homme peut en général disposer de ses biens, cette faculté trop illimitée pourrait avoir des conséquences désastreuses, la loi a dû la restreindre et les règles qu'elle a posées, sont tracées dans le chapitre qui nous occupe. Elle a voulu qu'une partie des biens fut affectée aux héritiers, qu'elle désigne et qu'on ne put en disposer à leur préjudice. Cette portion s'appelle réserve, ou légitime, ceux au profit desquels elle est réservée s'appellent légitimaires, ou héritiers à réserve. Cette portion varie selon le nombre et la qualité d'héritiers.

Si le donateur ou testateur laisse à son décès un enfant légitime, les libéralités ne peuvent excéder la moitié de ses biens, le tiers s'il en laisse deux, le quart s'il en laisse trois, ou un plus grand nombre. La désignation d'enfant dont le Code se sert comprend-t-elle seulement ceux qui sont au premier dégré et exclut-elle les petits enfants? L'art. 914 veut que les petits enfants a quelque dégré qu'ils soient tiennent le lieu et place de leur père prédécédé et comptent pour la portion seulement qu'il aurait eu à réclamer s'il eut sur-vécu. Mais cette réserve n'est-elle accordée qu'aux enfants et petits-enfants? Si le donateur ou le testateur laisse un ou plusieurs ascendants dans chaque ligne, les libéralités entre vifs ou par testament ne pourront excéder la moitié de ses biens et les trois quarts s'il ne laisse d'ascendants que dans une seule ligne, les biens ainsi réservés au profit des ascendants ne seront par eux re-cueillis dans l'ordre ou la loi les appelle à succéder, ils auront seuls droit à cette réserve dans le cas ou un partage en concurrence avec des collatéreaux ne leur donnerait pas la quotité des biens à laquelle elle est fixée, quelque soient du reste les personnes, autres que celles dont nous venons de parler que le donateur, ou le testateur laisse à son décès, il peut soit par donation soit par testament épuiser la totalité de ses biens.

Mais il peut arriver que le donateur ou le testateur ait disposé d'un usufruit ou d'une rente viagère dont la valeur excéde la quotité disponible, le Code a laissé aux héritiers à réserve le choix ou d'exécuter la disposition, ou de faire l'abandon de la propriété de la quotité disponible. L'art. 918 dispose que la valeur en pleine propriété des biens aliénés, soit à charge de rente viagère, soit à fond perdu, ou avec réserve d'usufruit à l'un des successibles en ligne directe sera imputée sur la portion disponible et l'excédant, s'il y en a, sera rapportée à la masse. Les successibles en ligne directe qui auront consenti à ces aliénations ne pourront demander cette imputation, et ce rapport. La portion disponible peut être donnée en tout ou en partie aux enfants ou autres successibles du donateur sans être sujet au rapport, pourvu toutefois qu'il soit déclaré expressément que cette disposition a été faite à titre de préciput et hors part. Cette déclaration pourra être faite, soit par l'acte qui contient ces dispositions, soit par un acte postérieur revêtu des formes requises pour les dispositions entre vifs ou testamentaires.

Section 2. — De la Réduction des Donations et Legs.

Toutes les fois que le donateur ou le testateur a excédé les bornes qui lui ont prescrites par la précédente section, il y a lieu à une réduction qui à la vérité ne peut pas être demandée pendant la vie du disposant mais seulement à son décès. Quelles sont les personnes qui peuvent demander cette réduction Comment doit-elle être opérée et quels en sont les effets?

La loi n'accorde le droit de demander la réduction qu'a ceux en faveur desquels elle établit une réserve, leurs héritiers ou ayant cause, elle le refuse au donateur légataire et créanciers. Il faut observer que l'art. 921 ne refuse ce droit aux créanciers que lorsqu'il s'agit de donations entre vifs. S'il s'agissait de dispositions testamentaires, il est de principe que les dettes doivent être acquitées avant les legs. La réduction se détermine en faisant une masse de tous les biens existans au décès du donateur ou du testateur, puisque c'est à cette époque que l'on doit examiner qu'elle était la portion disponible, on y réunit fictivement ceux dont il a été disposé par donation entre vifs, d'après leur état à l'époque des donations et leur valeur à l'époque du décès du donateur, ainsi on doit faire abstraction de toute amélioration ou déterioration survenue depuis, on calcule sur tous ces biens après en avoir déduit les déttes qu'elle est, eu égard à la qualité des héritiers qu'il laisse la quotité dont il a pu disposer. Mais la réduction ne pourra être faite en cas d'insuffisance des biens de la succession, qu'après avoir épuisé les legs, elle se fera en commençant par la dernière donation, ainsi desuite on se fixera, à cet effet, au temps ou la donation a été acceptée, car elle n'est réellement parfaite que par l'acceptation; et dans le cas ou une donation réductible aurait été faite à l'un des successibles, le Code l'autorise à retenir sur les biens donnés, la valeur de la portion qui lui appartiendrait comme héritiers dans les biens non disponibles, mais il faut toutes fois que ces biens soient de même nature..

Si la valeur des donations excède ou égale la quotité disponible, les dispositions testamentaires seront caduques la réduction du legs ne s'opère pas comme celle des donations, elle est faite au marc le franc, sans avoir égard, ni aux legs universels ni aux legs particuliers, ni à l'époque ou les legs ont été faits, on les réduit tous proportionnellement, parceque quand à leur effet, ils n'ont qu'une seule date, celle du décès, néamoins si le testateur a manifesté la volonté qu'un legs fut acquitté de préférence à tous autres, sa déclaration expresse rend le legs non réductible, à moins que la valeur des autres fut insuffisante pour compléter la réserve l'ègale.

Quand aux frais de ce qui exède la portion disponible, le Code a posé une exception au principe d'après lequel le possesseur de bonne foi fait les fruits siens; il a voulu que ces fruis fussent restitués à compter du jour du décès du donateur , mais à la condition que la demande en réduction soit faite dans l'année ; ce délai expiré , les fruits ne sont dus qu'à partir de la demande.

La réduction opérant de plein droit la remise des immeubles de la donation, ils devront revenir dans les mains des légitimaires libre de toutes charges, dettes ou hypothèques créées par le donataire.

Ce dernier n'avait en effet qu'un droit résoluble en cas de réduction; il n'a pu par conséquent conférer que des droits résolubles, et en suivant les conséquences de ce principe, l'action en réduction ou revendication pourra être exercée contre les tiers détenteurs des immeubles faisant partie des donnations et aliénés par le donataire. Ces actions pourront être exercées dans le même ordre et de la même manière que contre les donnataires eux-mêmes , la discussion de leurs biens préalablement faite. Cette disposition a été dictée dans l'intérêt des tiers qui ont acquis de bonne foi , et pour ne pas exposer les donnataires à des actions en garantie de la part des acquéreurs : ces actions seront exercées suivant l'ordre des aliénations en commençant par la plus récente ; c'est en effet la dernière aliénation qui a empêché que la réserve ne fut complète.

CODE DE PROCÉDURE.

Titre. 18.

Du Désaveu.

Le Code ne détermine point les personnes contre lesquelles l'action en désaveu peut être intentée. L'art. 352, désigne seulement les causes qui peuvent donner lieu à cette action : ne serait-il pas nécessaire cependant d'arriver graduellement aux causes du désaveu, par la connaissance du désaveu lui-même, et des personnes contre lesquelles il peut être exercée?

Le désaveu; en matière de procédure est une action tendant à faire déclarer nul un acte fait par un officier ministériel, au nom d'une partie, par absence ou par excès de pouvoir. De cette définition découlent nécessairement deux conséquences. 1° Que l'action en désaveu ne peut être exercée contre tout mandataire en général. 2° Qu'elle n'a lieu que lorsqu'il s'agit d'acte de procédure. Dans le premier cas, en effet, il est de principe que les actes faits par un mandataire qui a excédé les bornes de ses pouvoirs sont nuls, sans que le mandant soit obligé de désavouer le mandataire; art. 1989 — 1998. C. civil. ; dans le second cas, s'il est vrai de dire que l'action en désaveu, n'a lieu que lorsqu'il s'agit d'actes de procédure, elle n'a pas lieu cependant pour ceux que la partie peut révoquer elle même et sans jugement.

L'art. 353 dispose que nulles offres, nul aveu, ou consentement ne pourront être faits, donnés ou acceptés sans un pouvoir spécial à peine de désaveu. Les dernières dispositions de cet art. sont formelles, il faut un pouvoir spécial donné à l'officier ministériel et sans lui, il sera soumis à l'action en désaveu. Le désaveu sera fait par un acte signé de la partie ou du porteur de sa procuration spéciale et authentique. Cet acte contiendra, les moyens, conclusions et constitution d'avoué, il sera fait au greffe du tribunal qui connaîtra du désaveu. L'acte dont il vient d'être fait mention ne suffit point pour annuler les procédures désavouées, il faut encore que le désaveu soit déclaré valable.

En suivant l'ordre tracé par le législateur on découvre facilement, deux espèces de désaveu; le désaveu principal et le désaveu incident: et d'abord quest-ce-que le désaveu incident? qu'elles sont les règles à suivre. La réponse à ces deux questions se trouve consignée dans l'art. 354. Le désaveu incident est celui qui est formé contre un acte fait dans le cours d'une intance encore pendante; il sera signifié sans autre demande par acte d'avoué à avoué, tant à l'avoué contre lequel le désaveu est formé qu'aux autres avoués de la cause; la dite signification vaudra sommation de défendre au désaveu. L'art. suivant indique les formalités à remplir dans le cas ou l'avoué n'exerce plus et dans le cas où il est décédé. Il y a désaveu principal toutes les fois qu'il est formé contre un acte sur lequel il n'y a point d'instance.

Mais devant quel tribunal devra être portée la demande en désaveu? s'il s'agit de désaveu incident, il sera porté au tribunal devant lequel la procédure désavouée aura été instruite, encore que l'instance dans le cours de laquelle il est formé, soit pendante en un autre tribunal. S'il s'agit au contraire du désaveu principal, il sera formé au tribunal du défendeur. Ici se présente une question, qui est celle de savoir á quel tribunal doit être porté le désaveu qui serait fait contre un huissier des tribunaux de commerce. Seras-ce le tribunal civil, ou le tribunal de commerce qui connaîtra du désaveu? Quelques auteurs soutiennent que c'est devant ce dernier tribunal que le désaveu doit être porté, le plus grand nombre soutiennent l'opinion contraire, laquelle opinion, du reste, est consacrée par deux arrêts de la cour de Nîmes.

L'art. 359 exige que toute demande en désaveu soit communiquée au ministère public ; de plus et d'après l'art. 358 il sera sursis à toute procédure et au jugement de l'instance principale jusques à celui du désaveu, et pour que le désavouant ne se procure poiut des délais qui retarderaient l'instance principale, on peut lui prescrire un délai pour faire statuer sur le désaveu. Le désaveu est rejeté ou déclaré valable ; s'il est déclaré valable, il anéantit l'acte désavoué et ses conséquences ; tout jugement postérieur sera annullé sur tout chef relatif à cet acte. Le désavoué sera condamné tant envers le demandeur qu'envers les autres parties et tous dommages-intérêts, même à l'interdiction, et poursuivi extraordinairement s'il y a lieu. En cas de rejet il est dû réparation à l'instrumentaire, en l'acte de désaveu sera supprimé par la mention qui sera faite en marge de cet acte du jugement de rejet. Le Code ne prescrit point de délai après lequel l'action en désaveu n'est plus recevable, sauf cependant le cas ou il aura été formé à l'occasion d'un jugement qui aura acquis force de chose jugée.

CODE DE COMMERCE.

Chapitre 5.

Des fonctions des Syndics

Section première.

Dispositions Générales.

Les syndics représentent la masse des créanciers, ce sont des agents établis en mandataires et délégués pour veiller sur les intérêts d'une communauté.

Leur première opération est de faire apposer les scellés par le juge de paix dans le cas ou cette apposition n'aurait pas été faite avant leur nomintion. d'après l'état présenté par les syndics au juge commissaire, ce dernier pourra les dispenser de faire placer sous les scellés, ou les autoriser à en faire extraire, les objets mentionnés dans L'art. 469.

Sur l'autorisation du juge commissaire les syndics feront vendre les objets sujets à déperissement ou à depréciation imminente, ou dispendieux à conserver, enfin le fonds de commerce.

L'art. 471 indique ce qui doit être fait des livres de commerce du failli, des effets de portefeuille à courte écheance, ou susceptibles d'acceptation, ou pour les quels ils pourraient faire des actes conservatoires. il perme aux syndics de recevoir les autres , sommes du failli et d'ouvrir les lettres qui lui sont adressées.

Le tribunal poura sur la proposition du juge commissaire et d'après l'état apparant des affaires du failli accorder à ce dernier sa mise en liberté avec sauf conduit , il pourra exiger caution. Si le juge commissaire ne propose pas de sauf conduit pour le failli , il pourra le faire lui même·

Le failli ayant perdu l'administration de ses biens, et ne pouvant rien recevoir , le législateur à du pouvoir à ses besoins et à ceux de sa famille en lui accordant des aliments sur l'actif de la faillite. La quontité en sera fixée par le juge commissaire sur la proposition des sindics

Les syndics doivent faire la cloture des livres de commerce , le failli dûment appelé, et à défant de se rendre à cette invitation sommé de se presenter lui même [dans les 48 heures, en cas d'empéchement il peut se faire représenter par un fondé de pouvoir .

Si le bilan n'a pas été déposé par le failli les sindics sont autorisés à le dresser et ils le déposeront au greffe.

Le juge commissaire pourra prendre les renseignements qu'il croira necéssaires , soit sur la formation du bilan , Soit sur les causes et circonstances de la faillite au failli lui même ou à toutes autres personnes . Enfin lorsque la faillite n'aura été déclarée, qu'après le décès du commercant ou si après' cette déclaration le failli venait à décéder, sa veuve ou ses héritiers peuvent se présenter pour remplacer le défunt

Section 2. *de la levée des scellés et de l'inventaire*

Dans un délai de trois jours les syndics doivent requérir la levée des scellés et procéder à l'inventaire des biens du failli ils n'ont besoin ni de notaire ni de commissaire priseur, mais ils sont autorisés à se faire assister par qui ils le jugeront convenables pour l'estimation des meubles et effets. Après la levée des scellés, les syndics procèderont à l'Inventaire des biens du failli l'art. 480 indique les formes de cet Inventaire par qui et en présence de ce qui il doit être fait . La loi permet le même inventaire avec les mêmes formalités, en cas de déclaration de faillitte après décès sans inventaire et en cas du décès du failli avant l'ouverture de l'inventaire l'art. 482 contient ce que doivent faire les syndics et le juge commissaire et dans quel délai . Lart. 483 permet au ministère pnblic d'assister à tous les actes de la faillite.

SECTION. 3.

De la vente des marchandises, meubles et des recouvrements.

L'inventaire terminé, les marchandises, l'argent, les titres actifs, les meubles et effets du failli seront remis aux Syndics qui s'en chargeront au bas du dit inventaire, ils procéderont au recouvrement des dettes actives sous la surveillance du juge commissaire, ce dernier pourra autoriser les syndics a procéder soit a l'amiable, soit aux enchères, a la vente des effets mobiliers et marchandises. Il est permis aux syndics de faire toutes transactions même sur des droits immobiliers pourvu que dans le cas ou l'objet serait d'une valeur indéterminée ou excédant 300. francs elle soit homologuée par le tribunal de commerce lorsqu'il s'agit de droits mobiliers, et par le tribunal civil s'il s'agit de droits immobiliers; dans ce dernier cas le failli pourra s'opposer a la transaction.

Le failli qui a obtenu un sauf conduit peut être employé par les syndics et le juge commissaire fixera les conditions de son travail.

Quand aux deniers provenant des ventes et des recouvrements, ils devront être versés dans la caisse des dépôts et consignations. Dans le délai de trois jours, les syndics justifieront du versement au juge commissaire, en cas de retard, ils sont passibles des intérêts des sommes non versées. Toute somme versée dans l'intérêt de la faillite ne pourra être retirée qu'en vertu d'une ordonnance du juge commissaire, en cas d'opposition on devra en obtenir la main levée.

Cette Thèse sera soutenue publiquement dans une des salles de la Faculté le   août 1838.

Vu par le président de la Thèse.

FERRADOU.

TOULOUSE, IMPRIMERIE ET LITHO. DE J-E. LAGARRIGUE, RUE DU TAUR N.° 46.

www.ingramcontent.com/pod-product-compliance
Lightning Source LLC
Chambersburg PA
CBHW050442210326
41520CB00019B/6031